Bibliografische Information der Deutschen Nationalbibliothek:

Die Deutsche Bibliothek verzeichnet diese Publikation in der Deutschen National-
bibliografie; detaillierte bibliografische Daten sind im Internet über http://dnb.d-
nb.de/ abrufbar.

Impressum:

Copyright © 2001 GRIN Verlag, Open Publishing GmbH
Druck und Bindung: Books on Demand GmbH, Norderstedt Germany
ISBN: 978-3-638-93517-3

Dieses Buch bei GRIN:

http://www.grin.com/de/e-book/49225/erlebnispaedagogik-und-natursport-im-
abenteuertourismus

Andreas Hohmann

Erlebnispädagogik und Natursport im Abenteuertourismus

GRIN Verlag

Andreas Hohmann

Erlebnispädagogik und Natursport im Abenteuertourismus

Seminararbeit im Rahmen des Seminars:
Erlebnispädagogik und Natursport

Universität Gesamthochschule Kassel

Sommersemester 2001

Inhaltsverzeichnis

1   Was ist Abenteuertourismus überhaupt?

Ein Abenteuerurlaub ist eine Mischung aus der Sehnsucht nach der großen weiten Welt , dem Entkommen aus dem Alltag und dem Nervenkitzel. Eine Abenteuerreise ist aufregend , vielseitig und vor allem grenzenlos. Spannung und Spass stehen an erster Stelle.

Dieses Image von Abenteuerreisen möchten ihre Anbieter vermitteln und dies tuen sie mit z.B. folgenden Werbetexten:

" Sie wollen alles? Klar, warum nicht?

Nix für Einfältige , unsere ausgewählten Aktiv-Urlaubsangebote.

In ist: Vielfalt und Flexibilität

Out ist: Jeden Tag das Gleiche

Sonne , Sport und exzellentes Essen!

Sie suchen Abwechslung und Erholung?

Spass beim Sport , nette Leute kennenlernen und Tag für Tag

entscheiden worauf sie Lust haben?

In unseren Aktiv-Urlaubshotels wird ihr Urlaub zum Erlebnis."

(Quelle: Sport-Scheck Katalog 2000/01)

" Amerika! Kontinent der Gegensätze: von unberührter Natur

bis zu pulsierenden Metropolen.

Unzählige Möglichkeiten , um Abenteuerlust zu stillen , einfach

auszuspannen und grenzenlose Freiheit zu spüren.

Lassen sie sich von einem vielfältigen Reiseangebot begeistern und

freuen sie sich auf ihren Traumurlaub.

Aktion , Spass , Abenteuer-das heißt Ausbruch aus der Normalität

des Alltags."

(Quelle: Marlboro Reisen Katalog 2000/01)

Der Tourist wird mit Angeboten überschüttet , so dass er keine Möglichkeit hat sich zu langweilen. Alles Neue und Fremdartige ist erwünscht.

Ein Abenteuerurlaub findet meist an ungewöhnlichen Orten statt und bietet ungewöhnliche Angebote.

Für jeden Geschmack und für jede Altersstufe sind Angebote vorhanden. Einer der marktführenden Anbieter ist Marlboro Reisen doch z.B. auch Neckermann und Atlas Reisen haben " Adventure and Fun " Angebote in ihr Sortiment aufgenommen.

Angebote wie River-Rafting , Jeep Touren , Reiten , verschiedene Arten von fliegender Fortbewegung , Höhlenexpeditionen u.s.w. sind Gang und Gebe. Reiseangebote für junge Menschen sind größtenteils sehr reizvoll , doch die Preise hindern viele Jugendliche und junge Erwachsene daran an einer Abenteuerreise teilzunehmen.

Neben diesen Angeboten gibt es z.b. das deutsche Jugendherbergswerk , oder viele Stadt-und Landjugenden die Erlebnisreisen deutlich günstiger anbieten.

2   Wer nimmt die Angebote war?

Kinder	Junge Leute
Jugendliche	Firmen
Studenten	Extremsportler
Singles	Lehrer..........

Menschen jeden Alters nehmen die Angebote des Abenteuertourismus war. Allgemein lässt mit zunehmenden Alter die Reiseintensität deutlich nach oder anders interpretiert: Die Reiseintensität von Jugendlichen ist besonders hoch. D.h., dass Abenteuerurlaub am meisten Anhänger unter den jungen Leuten bis zu 30 Jahren besitzt. Das Interesse an Abenteuerreisen steigt mit dem Bildungs- und Einkommensniveau.

Da Abenteuerreisen in der Regel sehr teuer sind, sind es meistens Leute, die Zeit und Geld haben, die diese Angebote wahrnehmen.

Jeder dritte wünscht sich Reiseziele mit Erlebnisqualität. Hauptsächlich für 14-35 jährige (55%), sowie für Singles (60%) muss am Urlaubsort was los sein!

2.1 Warum machen Menschen Abenteuerreisen?

Bedürfnis nach Naturverbundenheit, Aktivität und Gesundheit:

Erlebnishunger vs. Natursehnsucht

Begegnung mit der Natur vs. Unterhaltung in der Natur

Touristen wollen eine schöne Naturkulisse, aber keine Langeweile.

-   Abwechslung zum Alltag – „Aussteigen auf Zeit"

Abwechslung für Städter

Körperliche und geistige Herausforderung:

Beispiel Indianerstamm: Alle 25-30 Jahre zieht ein komplettes Dorf um, da es die Umgebung des Dorfes schon ausreichend erkundet hat und nun neue Herausforderungen sucht. Diese Art Abenteuer zu erleben ist in einer industriealisierten Gesellschaft nicht möglich, da fast alles erkundet geregelt und organisiert ist.

Entdeckungstour statt Badeurlaub

Mischung aus Sport, Spielen und Ausflügen

Eigenverantwortung durch Selbstverpflegung

Kontaktsuche und Anerkennungsstreben

Fun und Action gepaart mit Entspannung

Naturerlebnis und Selbstbestätigung durch die Bewältigung von extremen Umweltbedingungen:

Man sucht sich einen Sport, den man gegen sich selbst macht.

Die Selbsteinschätzung des Menschen hängt zu einem großen Teil von subjektiven Erfolgen ab, die er im überwinden von Hindernissen erringt.

Bei dem Bewältigen einer schwierigen Situation hat man die Chance Unsicherheit durch eigene Handlungs- und Bewegungskompetenz in Sicherheit zu verwandeln.

Streben nach dem gewissen Kick – Adrenalinstoß:

Kontrollgefühl vs. Gefühl des Nichtkontrollierbaren

Urlaub als Höhepunkt des Freizeitlebens – Urlaub als Grenzerlebnis:

Viele Menschen wollen im Urlaub ihre Freizeitinteressen weiterentwickeln.

Angst- und lustvolle Mutproben sind gefragt. Dadurch kann für viele der Urlaub zur Tortur-Tour werden. Für diese Urlauber wird der Urlaub erst interessant, wenn überall Gefahren lauern und Grenzerlebnisse locken. Grenzurlauber wollen eigene, sowie fremde Grenzen kennen lernen.

„ Wer kann sich einen solchen Urlaub psychologisch gesehen schon leisten?"

viel unternehmen und neues kennen lernen

Die heutigen Trends im Tourismus sind Spiegelbilder von allgemeinen gesellschaftlichen Trends. Die Tatsache, dass die Freizeit zunimmt, spielt beim Wachsen des Abenteuertourismus eine große Rolle.

In Freizeit und Urlaub hat sich eine hedonistische Grundhaltung durchgesetzt (Genuss, Erleben, Lust), gepaart mit einem gewissen Zukunftspessimismus....

Nach dem Motto: „ Last uns genießen, bevor es zu spät ist!"

Die Suche nach dem Erlebnis bzw. dem Abenteuer, ist oft in einer Frustration am Arbeitsplatz begründet und den dort zu geringen Möglichkeiten der Selbstverwirklichung. Die Folge ist, dass viele versuchen das, was ihnen im Alltag an Bestätigung und Action fehlt, im Urlaub zu kompensieren. Man spricht von der Erlebnisgesellschaft oder auch von der Mentalität des „anything goes".

Heutzutage spielen künstlich erzeugte und konsumierbare Emotionen im Urlaub eine wichtige Rolle.

(aus: Mega-Trends im Tourismus – Auswirkungen auf Natur und Umwelt)

2.2   Zitate aus Reisekatalogen:

„ Wir sind auf uns allein gestellt und müssen mit Wind, Sonne und Regen Zurechtkommen!" (Kanutour)

„...natürlich ohne Zwang und Leistungsdruck viele neue, interessante und auch verrückte Sport- und Spaßangebote kennen lernen!" (Sportjugend)

„ Junge und jung gebliebene Reisende entdecken abseits der Touristenpfade eine ganz neue Welt!" (Suntrek)

„IN ist: Vielfalt und Flexibilität. OUT ist: Jeden Tag das Gleiche.
Sie suchen Abwechslung und Erholung? Spass beim Sport, nette Leute kennen
lernen und Tag für Tag entscheiden, worauf sie Lust haben..." (Sport-Scheck)

3 Entwicklung des Urlaubsverhaltens in Deutschland

In diesem Abschnitt wird ein Einblick gegeben, welche Faktoren die zunehmende
Nachfrage nach Abenteuerurlaub begünstigen. Diese Faktoren können quantitativ
und qualitativ differenziert werden. Zu den quantitativen Einflussgrößen zählen
Einkommensverhältnisse, Mobilität oder die Entwicklung der freien Zeit,
qualitative beinhalten im wesentlichen die gewandelte Bedeutung von
Abenteuerurlaub. Die Argumente aus dem letzten Kapitel werden dazu wieder
aufgegriffen und systematisiert.

Zunächst soll gezeigt werden, wie das Verständnis von Natur und die Entwicklung
des Urlaubsverhaltens hin zum Abenteuertourismus zusammenhängen. Dazu ist es
sinnvoll, einen Blick in das 19. Jahrhundert zu werfen, da der systematisch
organisierte Tourismus dort seine Ursprünge in Deutschland hatte.

3.1 Historischer Abriss des Freizeit- und Urlaubsverhaltens der Deutschen

Anfang des 19. Jh. wurde im bürgerlichen Verständnis Natur als wild und
unbezähmbar aufgefasst, von der eine Bedrohung ausging. Mit der
fortschreitenden Industrialisierung Mitte des 19. Jh. änderte sich dieses Naturbild.
Natur wurde technisch unterworfen. Dies hatte im Gegenzug die Romantisierung
der Natur zur Folge. Das gepflegte kontrollierte Naturerleben in Gesellschaft hatte
für das Bürgertum einen besonderen Reiz. Daraus entwickelte sich der
Fremdenverkehr. Wege und Übernachtungsmöglichkeiten wurden systematisch
touristisch erschlossen, Alpenvereine entstanden. Der Eisenbahnbau begünstigte
die Entwicklung des Fremdenverkehrs durch die zunehmende Mobilität der
Menschen (KÖCK 1990, S. 47f.).

Im folgenden werden wichtige Aspekte der neueren Freizeitentwicklung Bezug genommen, weil sie dienliche Hinweise für die Entwicklung des Urlaubsverhaltens der Deutschen geben können. In den 50er Jahren galt Freizeit als Erholungszeit von der Erwerbsarbeit. Der Urlaub wurde meist zu Hause verbracht. Dies änderte sich in den 60er Jahren, als der wachsende Wohlstand genutzt wurde, den Urlaub auch im Ausland zu verbringen. Freizeit bekam zunehmend einen eigenen Erlebniswert. Zu begründen ist dies u.a. damit, dass die Arbeitszeit kontinuierlich zurückging. Betrug 1959 die durchschnittliche Wochenarbeitszeit noch 48 Stunden mit zwölf Urlaubstagen, so mußten Beschäftige im Jahr 2000 im Schnitt 38 Stunden arbeiten und konnten über 30 Urlaubstage (Angestellte) verfügen (DGF 1999, S. 41).

Für die Freizeitgestaltung bleibt demnach heute mehr Zeit als für die Erwerbsarbeit. Diese Aussage berücksichtigt jedoch nicht die stetige Zunahme an Überstunden, die Beschäftige heute ableisten müssen. Aber sie zeigt einen Trend, der in der soziologischen Literatur gemeinhin mit dem Übergang der Arbeitsgesellschaft in die Freizeit- oder Erlebnisgesellschaft beschrieben wird. Er besagt, dass Erwerbsarbeit heute mehr ist als nur den persönlichen Unterhalt zu erwirtschaften. Arbeit wird zunehmend mit Aspekten der Selbstverwirklichung belegt. Arbeit muss auch Spaß machen (siehe BECK 1985). Um Freizeit von Arbeit abzugrenzen soll sie mehr individuelle Erlebnisvielfalt bieten (OPASCHOWSKI 1999).

Die folgenden Zahlen geben Auskunft über die Reiseausgaben der Deutschen: Pro Person und Urlaubsreise wurde 1995 insgesamt 1362 DM ausgegeben. Im Vergleich dazu waren es 1998 bereits 1441 DM. Die Deutschen gaben 1995 ca. 83 Mrd. DM und 1998 ca. 91 Mrd. DM für ihren Urlaub aus (DGF 1999, S. 139). In einer repräsentativen Umfrage vom März 2001 gab die Mehrheit der Befragten an, dass sie an ihrem Urlaub nicht sparen wollten. Mehr als die Hälfte werden in diesem Jahr genauso viele Ausgaben für ihren Urlaub tätigen wie letztes Jahr, 26 Prozent gaben an, weniger ausgeben zu wollen und 19 Prozent möchten ihre Ausgaben dieses Jahr erhöhen (drei Prozent keine Angaben) (SPIEGEL-online, 7.3.01).

„In-den-Urlaub-fahren" erfreut sich bei der Mehrheit der Deutschen großer Beliebtheit. Der Anteil der Urlaubsreisenden (über 14 Jahren) nahm seit 1955 mit 24 Prozent auf 58 Prozent im Jahr 2000 zu (DGF 1999, S. 41).

4   Einflussfaktoren

Das nachstehende Schema veranschaulicht wesentliche Einflussfaktoren, die für das gewandelte Urlaubsverhalten verantwortlich sind.

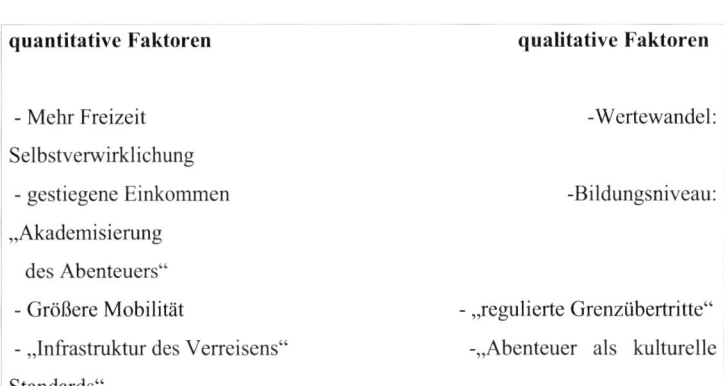

Wandel des Urlaubsverhaltens der Deutschen

quantitative Faktoren	qualitative Faktoren
- Mehr Freizeit	-Wertewandel:
Selbstverwirklichung	
- gestiegene Einkommen	-Bildungsniveau:
„Akademisierung	
des Abenteuers"	
- Größere Mobilität	- „regulierte Grenzübertritte"
- „Infrastruktur des Verreisens"	-„Abenteuer als kulturelle
Standards"	

Diejenigen Faktoren, die noch nicht erwähnt worden sind, werden nun kurz dargestellt.

Dazu zählt auf Seiten der quantitativen Einflussfaktoren die Infrastruktur des Verreisens: Für den Urlaub in der Wildnis gibt es mittlerweile alles Erdenkliche zu kaufen, das den Urlaub angenehmer macht. Dieser Markt für Outdoor-Produkte erfreut sich stetigen Wachstums (KÖCK 1990, S. 161). Die nötige Ausstattung macht den regulierten Grenzübertritt möglich. Abenteuerreisen bergen somit in der Regel das kalkulierbare Risiko, nicht ernstlich in Gefahr zu geraten.

Der Terminus „Abenteuer als kulturelle Standards" weist darauf hin, dass mit den vielfältigen Formen des Abenteuerurlaubs meist die Hoffnung verbunden wird, einen Einblick in die landschaftlichen und kulturellen Gegebenheiten eines Landes zu erhalten. Begegnungen mit fremden Kulturen können jedoch für einen Touristen schnell an Attraktivität verlieren, wenn er den tatsächlichen

Bedingungen unmittelbar ausgesetzt ist, die den romantischen Vorstellungen entgegenstehen.

5   Reflexion über die Gruppenarbeit

Meine Präsentation bestand im wesentlichen darin, die Seminarteilnehmer die Frage bezüglich des erlebnispädagogischen Gehaltes von veschiedenen Abenteuertouristikanbietern genauer untersuchen zu lassen. Hierfür wählte ich die Gruppenarbeit zur Klärung dieser Problematik als am besten geeignet aus, da verschiedene Erfahrungen und Ansichten der Studenten sich so am effektivsten in das Endergebnis einbeziehen lassen und überhaupt erst zur Geltung kommen können. Als ein weiterer in meinen Augen erwähnenswerter Aspekt für diese Entscheidung ist, daß diese Arbeitsform die wohl motivierendste gerade zu dieser Zeit (13.45-15.15) sein dürfte. Für die Gruppenarbeit war eine Zeit von ca. 45-60 Minuten von mir eingeplant worden.

Als erstes legte ich ein Mind Map (siehe Anhang) auf , um einerseits visuell anzuregen und noch einmal die Problematik hinsichtlich der Definition von Erlebnispädagogik zu verdeutlichen, denn um die folgende Gruppenarbeit erfolgreich werden zu lassen, mußte diese klar sein. Danach habe ich die Arbeitsmaterialien zu den verschiedenen Abenteuertouristikanbietern an die sich bis dahin zu bildenden Kleingruppen von maximal je vier Personen verteilt. In diesen Materialien waren unter anderem die konkrete Aufgabenstellung und eine leere Folie mit Stift enthalten, denn die Ergebnisse sollten während der Ergebnispräsentation der einzelnen Kleingruppe für die Gesamtgruppe graphisch sichtbar sein. Dann kam es zur eigentlichen Gruppenarbeit, die von der gewünschten Ergebnispräsentation und der Klärung der Hauptfrage, ob die Abenteuertouristikangebote auch pädagogischen Wert haben, als Abschluß gefolgt wurde. Soviel zum Ablauf, nun folgt die tatsächliche Reflexion.

Im ganzen fand ich die Gruppenarbeit als gelungen, da es den Teilnehmern sichtlich Spaß bereitet hat, sich dieser Aufgabe zu stellen, und sie auch auf die angestrebten und zusätzliche Ergebnisse alleine komplett ohne Anregungen meinerseits gekommen sind. Das soll aber nicht darüber hinwegtäuschen, daß der

Zeitrahmen nicht genau genug geplant war. Im Endeffekt haben die Seminarteilnehmer eine Aufgabe in einer halben Stunde zu lösen gehabt, die eigentlich für fast die doppelte Zeit konzipiert gewesen ist. Somit standen sie ziemlich stark unter Zeitdruck, und ich mußte mich nur wundern, daß sie trotzdem alle erhofften/erwarteten Ergebnisse selbständig erarbeitet haben. (Lob an die Gruppe! ☺) Ich persönlich bilde mir ein, daß dies wohl an dem starken Eigeninteresse der Studierenden an diesem Thema gelegen hat. Einen weiteren Grund sehe ich zusätzlich auch in der Fragestellung meinerseits mit dem dazugehörigen Mind Map, welche es wohl wesentlich erleichtert haben. Hier nun meine Fragen:

5.1   Aufgaben an die Gruppen:

1. Wie pädagogisch sind die Angebote in Bezug auf das Mind Map
    Was ist Erlebnispädagogik?
    Auf welche daran anknüpfenden Problematiken wird eingegangen
    und in wie weit?   (Anreise, Müll, Natur- und Umweltpflege,
    ökologisches Bewußtsein)
    Inwiefern sind die Preise zu rechtfertigen?

2. Was können die Teilnehmer von so einer Reise mit in ihren Alltag
    nehmen, geht dabei auf folgende Punkte ein:
    - ➢ Selbstbewußtsein/Selbstwertgefühl
    - ➢ eigener Körpers
    - ➢ eigenes Handeln
    - ➢ Umweltwahrnehmung/Natuerleben

5.2   Aufzählung der Ergebnisse der Studierenden:

- -   Preise sind oft nicht gerechtfertigt
- -   Umwelt- und Körperwahrnehmung vorhanden
- -   Eigenständiges Handeln war nicht immer gegeben (in Bezug
    auf Organisation)

- Erlebnis von Grenzsituationen sind gegeben
- Leider gibt es bis auf eine Ausnahme nie Reflexion über Erlebtes (jedenfalls nicht vom Veranstalter ausgehend)
- Anreiseproblematik nicht sehr umweltbewußt (Fliegen)
- Meisten steht körperliche Herausforderung über dem Aspekt Natur
- Wenn ein Anbieter erlebnispädagogisch ist, dann nur ATE – Abenteuer Trekking & Erlebnisreisen, doch selbst hier steht der Umfang der Erlebnisreflektion noch in Frage

6 Literaturverzeichnis

Beck, U. 1985: *Die Risikogesellschaft.* München.

Deutsche Gesellschaft für Freizeit (DGF) 1999: *Freizeit in Deutschland. Freizeittrends 2000 plus.* Erkrath.

Köck, C. 1990: *Sehnsucht Abenteuer. Auf den Spuren der Erlebnisgesellschaft. Diss.* Berlin.

Kreisel, W. (2000). *Mega-Trends im Tourismus – Auswirkungen auf Natur und Umwelt.* Berlin

Opaschowski, H. W. 1999: *Umwelt – Freizeit – Mobilität. Konflikte und Konzepte.* Opladen.

Opaschowski, H.W. (1989). *Tourismusforschung.* Opladen: Leske+Budrich

Sport –Scheck Reisekatalog 2001

Sportjugend Hessen Programm 2001

Steinbach, J. (1991). *Neue Tendenzen im Tourismus.* München: Goebuch

Suntrek Reisekatalog 2001

Zeitschrift: Sportpädagogik 5/1994.Schwerpunktheft „Abenteuer / Risiko"